BEI GRIN MACHT SICH IHR WISSEN BEZAHLT

- Wir veröffentlichen Ihre Hausarbeit, Bachelor- und Masterarbeit
- Ihr eigenes eBook und Buch - weltweit in allen wichtigen Shops
- Verdienen Sie an jedem Verkauf

Jetzt bei www.GRIN.com hochladen und kostenlos publizieren

Bibliografische Information der Deutschen Nationalbibliothek:

Die Deutsche Bibliothek verzeichnet diese Publikation in der Deutschen Nationalbibliografie; detaillierte bibliografische Daten sind im Internet über http://dnb.d-nb.de/ abrufbar.

Dieses Werk sowie alle darin enthaltenen einzelnen Beiträge und Abbildungen sind urheberrechtlich geschützt. Jede Verwertung, die nicht ausdrücklich vom Urheberrechtsschutz zugelassen ist, bedarf der vorherigen Zustimmung des Verlages. Das gilt insbesondere für Vervielfältigungen, Bearbeitungen, Übersetzungen, Mikroverfilmungen, Auswertungen durch Datenbanken und für die Einspeicherung und Verarbeitung in elektronische Systeme. Alle Rechte, auch die des auszugsweisen Nachdrucks, der fotomechanischen Wiedergabe (einschließlich Mikrokopie) sowie der Auswertung durch Datenbanken oder ähnliche Einrichtungen, vorbehalten.

Impressum:

Copyright © 2018 GRIN Verlag
Druck und Bindung: Books on Demand GmbH, Norderstedt Germany
ISBN: 9783668635098

Dieses Buch bei GRIN:

https://www.grin.com/document/387439

Michael Pleister

Ayad Akhtar: The Who and the What. Kommentar zum Werk in der Inszenierung am Deutschen Schauspielhaus Hamburg

Einschließlich einer persönlichen Stellungnahme zum Thema "Familiennachzug für Migranten" aus gegebenem Anlass im Winter 2017/18

GRIN Verlag

GRIN - Your knowledge has value

Der GRIN Verlag publiziert seit 1998 wissenschaftliche Arbeiten von Studenten, Hochschullehrern und anderen Akademikern als eBook und gedrucktes Buch. Die Verlagswebsite www.grin.com ist die ideale Plattform zur Veröffentlichung von Hausarbeiten, Abschlussarbeiten, wissenschaftlichen Aufsätzen, Dissertationen und Fachbüchern.

Besuchen Sie uns im Internet:

http://www.grin.com/

http://www.facebook.com/grincom

http://www.twitter.com/grin_com

Ayad Akhtar: The Who and the What

Kommentar zum Werk in der Inszenierung am Deutschen Schauspielhaus Hamburg

(einschließlich einer persönlichen Stellungnahme zum Thema „Familiennachzug für Migranten" aus gegebenem Anlass im Winter 2017/18)

Michael Pleister

Ayad Akhtar: The Who and the What

Kommentar zum Werk in der Inszenierung am Deutschen Schauspielhaus Hamburg

Regie: Karin Beier

Deutschsprachige Erstaufführung: 14.01.2017/ Deutsches Schauspielhaus Hamburg

Zarina, eine junge Frau aus einer pakistanischen Einwandererfamilie in Atlanta, schreibt ein Buch über den Propheten. Sie stellt die Frage, wer war er als Mensch, welche Leidenschaften trieben ihn um, und was für ein Bild hat sich der Islam von ihm gemacht. Das Thema ist konfliktgeladen, auch für die fiktive Autorin in Ayad Akhtars neuem Stück. Ihr Vater, ein strenggläubiger Muslim, hat es in Amerika zu etwas gebracht, ihm gehören ein Drittel der Taxis der Stadt. Seine Frau ist gestorben, so gilt seine ganze Fürsorge seinen Töchtern. Er versucht sie zu verheiraten, für Zarina gibt er sogar eine Kontaktanzeige mit ihrem Profil auf, und er prüft persönlich die möglichen Heiratskandidaten. Alles geht gut, bis ihm Zarinas Manuskript in die Hände kommt. Er verstößt sie wegen der vorgeblichen Blasphemie ihres Buches, die Familie zerbricht.

(Schauspielhaus, Webseite: The Who and the What; https://www.schauspielhaus.de/de_DE/repertoire/the_who_and_the_what.1 091939)

Das Thema, um das es im vorliegenden Theaterstück geht, ist in der Tat konfliktgeladen, wie der Ankündigung auf der entsprechenden Webseite des Schauspielhauses zu entnehmen ist. Deutlich wird die Kontroverse im Kontext der Frage, wie eine Religion ausgelegt werden soll, hier mit Bezug auf den Islam genauer gesagt, ob eine Religion im Leben nach Maßgabe von Schrifttum und Tradition gewissermaßen wort- und buchstabengetreu zu verwirklichen ist. Die Aufführung zeigt die auch in politischen Zusammenhängen diskutierte Diskrepanz zwischen einem eher intuitiven, damit weitgehend unreflektiert bleibenden, konformistischen Verständnis von Religion und Wirklichkeit einerseits und dem auf Widerspruch ausgerichteten, die Realität in ihren Spannungen und Kontroversen, auch Antinomien erkennenden Intellektualismus andererseits, der gegen Disziplinierung,

Fremdbestimmung und Diktatur zu Felde zieht. Auf Begrifflichkeiten politischer Orientierung gebracht, liest sich dies dann folgendermaßen: In weltanschaulicher, mental-inhaltlicher Abstraktion tritt hier der Konflikt zutage zwischen einem sich weitgehend repressiv gebenden Konservatismus im Hinblick auf Religion und Gesellschaft und einer Art Liberalismus, einer ganz bewusst den Geist von Opposition und Kritikfähigkeit ins Zentrum ihres Selbstverständnisses stellenden Aufklärung mit sachbezogener Ausrichtung auf das gleiche Bezugsfeld, nämlich Religion und Gesellschaft. Der Zuschauer wird hier also mit dem Spannungsverhältnis konfrontiert zwischen einer vorwiegend die Kräfte der Beharrung pflegenden, dabei vor geistiger Gewalttätigkeit im Einzelfall nicht zurückschreckenden und sich letztlich auch politisch gerierenden Haltung einerseits und einer Einstellung auf der anderen Seite, welche die Notwendigkeit von Veränderungen betont, längerfristig auch Toleranz einfordert und damit ebenfalls politische Ausdrucksformen annimmt. Deren Vertreter stellen Fragen, nehmen Überliefertes kritisch in den Blick, brechen Traditionen auf, um sie für Erkenntnisse zeitgenössischen Forschens und Denkens anschlussfähig zu machen. Beide Positionen, die im Stück insgesamt prägnant herausgearbeitet und durch die Inszenierung überzeugend veranschaulicht werden, finden ihre Personalisierung jeweils in der entsprechenden Dramenfigur, hier in der Konstellation der beiden Hauptakteure. Im Mittelpunkt der Handlung stehen einerseits der Vater, der Vertreter eines sich mit Strenggläubigkeit verbindenden Islamverständnisses, und andererseits seine Tochter Zarina, die in einer akademischen Karriere ihre Zukunft sieht. Hinter der auf Religion bezogenen, sich überdies auch gesellschaftspolitisch auswirkenden Kontroverse, die an die beiden Hauptpersonen geknüpft ist, verbirgt sich möglicherweise auch der Konflikt zwischen Vater und Tochter, d.h. ein Generationskonflikt. Mehr noch scheint es aber in erster Linie - und hier sei der Autor selbst zitiert - um den „Kampf zwischen einem geistreichen Glauben und einem gedankenlosen" zu gehen (Theaterwebseite des Stückes, Materialmappe, S.18).

Die Tochter repräsentiert, wie bereits angedeutet wurde, einen kritischen Intellektualismus ähnlich wie der Autor selbst, über den es in einem der Zusatztexte heißt: „Ayad Akhtar ist ein typischer amerikanischer Intellektueller, der Ernsthaftigkeit mit Leichtigkeit verbindet." (Theaterwebseite des Stückes, Materialmappe, S.18) Für den sozioökonomisch weitgehend Angepassten, d.h. für Afzal, den Vater, hat sich Erfolg in materieller Hinsicht eingestellt: Der Vater, wie gesagt Vertreter eines überlieferten Islamverständnisses, hat ein Taxiunternehmen aufgebaut, das durchaus lukrativ ist: „ […], ihm gehören ein Drittel der Taxis der

Stadt." (Theaterwebseite des Stückes) Seine Tochter hingegen, die sich mit ihrer Buchpublikation der Islamkritik verschreibt, muss der Beeinträchtigung ihrer Lebenschancen, letztlich menschenverachtender Sanktionen gewärtig sein. Als der Vater von ihrem Buch und damit von der nach konservativem Islamverständnis nicht anders als ketzerisch zu beurteilenden Sicht auf den Propheten Mohammed erfährt, wird die Familie im Strudel von „Aufbegehren und Strafgericht" mitgerissen. Sie zerbricht an dem Konflikt, der sich aus den unterschiedlichen Positionierungen der beiden Hauptakteure zu Religion und Gesellschaft ergibt. Eine Weltauffassung, im vorliegenden Fall an strengen religiösen und damit gleichzeitig gesellschaftsrelevanten Maßstäben orientiert, ein geistiger Kosmos, um es etwas zu verallgemeinern, der sich hier jedoch im speziellen Fall, wo es um den Islam geht, in moderner Zeit offensichtlich repressiver und restriktiver darstellt als in vergangenen Epochen, wie dem Text von Navid Kermani im Programmheft zu entnehmen ist (Programmheft, S.13), kann zerstörerisch wirken, wenn er unvorbereitet auf den Anspruch stößt, sich mit den Errungenschaften einer vorangeschrittenen, aufgeklärten Zeit auseinandersetzen zu müssen. Zum Wechselverhältnis von Tradition und Gegenwart im Islam heißt es bei Kermani wörtlich: „Oft ist zu lesen, dass der Islam durch das Feuer der Aufklärung gehen oder die Moderne sich gegen die Tradition durchsetzen müsse. Aber das ist vielleicht etwas zu einfach gedacht, wenn die Vergangenheit des Islams so viel aufklärerischer war und das traditionelle Schrifttum bisweilen moderner anmutet als der theologische Gegenwartsdiskurs. […] Vielleicht ist das Problem des Islams weniger die Tradition als vielmehr der fast schon vollständige Bruch mit dieser Tradition, der Verlust des kulturellen Gedächtnisses, seine zivilisatorische Amnesie." (Programmheft, S.13)

Was bedeuten Inhalt und Handlungsverlauf des Stückes, vor allem Aspekte seiner Interpretation für den Betrachter heute? Deutlich wird die Fragwürdigkeit, das an Wort und Buchstaben seiner Schriftzüge klebende offizielle Verständnis eines überlieferten, hier religiösen Textes, nämlich des Korans, und damit bewusst im Korsett von Konvention und Tradition zwanghaft festgehaltene Aussagen im Hinblick auf Deutung und Weiterentwicklung zu den Erscheinungsformen einer sich in vielerlei Hinsicht verändernden Welt, d.h. insbesondere zu den sich wandelnden Anschauungen, Perspektiven, Forschungsfragen und Interpretationsbefunden nach Maßgabe und Willensbekundung einer Geistlichkeit, die absolute Autorität für sich beansprucht, nicht in Beziehung setzen zu dürfen, schlimmer noch: dezidierte, gar radikale, alles in allem sachbezogen-kritische Positionen nur unter Hinnahme von Nachteilen, häufig unter Lebensgefahr vertreten zu können. Der Vater steht letztlich für eine doktrinäre Einstellung in dieser Richtung und ist damit in gewisser Hinsicht auch Opfer ihrer Restriktionen und Zwänge. Seine Tochter Zarina zeigt mit ihrer Haltung immerhin eine Perspektive auf, der jedoch bislang kaum Chancen nachdrücklicher Durchsetzungskraft gesellschaftlich zuerkannt werden, eine Zukunftsvision, an der noch viel gearbeitet werden muss und die vermutlich auch selbst noch manchen Radikalismus abzustreifen gehalten sein wird. Ihr zukünftiger Mann, ein Konvertit, ebenfalls Muslim, vermag offensichtlich „eine Brücke zu schlagen [...] zwischen ihrem modernen Lebensstil und ihrem traditionellen kulturellen Erbe." (Theaterwebseite des Stückes, Materialmappe, S.4)

Dabei klingt an einer Stelle des Textes ein Aspekt an, der für heutiges Verständnis besonders im Zusammenhang politischer Bestrebungen gerade auch auf zivilgesellschaftlicher Ebene, so beispielsweise für Plan und Vorhaben, sich in Organisationen zur Durchsetzung universeller Menschenrechte zu engagieren, bewusst wahrgenommen werden sollte: Der Vorgang, der im Handlungsverlauf des Stückes gewissermaßen den dramatischen Höhepunkt bildet, nämlich die Entdeckung der für Muslime inhaltlich überaus provokanten Buchmanuskripte, hätte im Heimatland der hier agierenden Personen, d.h. in Pakistan, dort unter den Bedingungen eines weitaus schärferen Sanktionsregimes als das in der Privatsphäre einer Familie auf freiheitlichem Boden sich mit dem verletzenden Machtwort des Vaters verwirklichende für die Autorin vermutlich den Tod bedeutet.

Zarina, also die Buchautorin, erwartet schließlich ein Kind, für dessen späteres Wohlergehen von Zarinas Vater spontan ein Gebet gesprochen wird, wiewohl er andererseits seine Tochter verstößt. Hier zeigt sich in seiner Gefühls- und Gedankenwelt offensichtlich eine gewisse Ambivalenz, die auch sonst im Handlungsverlauf gelegentlich zutage tritt und auf die die Regisseurin in einem Gespräch mit NDR Kultur verallgemeinernd hinweist: „Der Vater vertritt Ansichten, die nicht unseren Ansichten entsprechen. Er versucht seine Tochter zu verkuppeln; er möchte unbedingt, dass ihr Mann ein Muslim ist. Dazu geht er in ein Internetforum und gibt sich als seine Tochter aus, um einen passenden Liebhaber für seine Tochter zu finden. Das ist aber auch mit sehr großem Humor geschrieben und im Großen und Ganzen ist dieser Vater sehr liebevoll gezeichnet, man leidet mit dieser Familie sehr mit. Es ist ganz klar, dass dieser Vater sein ganzes Leben seiner Familie gewidmet hat, dass er nichts anderes will, als seine Töchter glücklich zu sehen, seiner eigenen Erziehung im Wege steht und dadurch Ansichten vertritt, die seine Tochter nicht leben kann. Nichtsdestotrotz ist diese Figur sehr warm; man mag diesen Vater." (Theaterwebseite des Stückes, Materialmappe, S.17)

Mit dem Wortspiel am Schluss der Aufführung zu der Frage, ob bei der bevorstehenden Geburt ein Junge oder Mädchen wünschenswert sei, kommt in besonderer Akzentsetzung eine ironische Brechung ins Spiel, die eine gewisse, auch dem gesamten Theaterstück immanente Schmerzlichkeit dann doch zumindest temporär einschränkt. Gelegentlicher Wortwitz reißt manches Handlungselement aus der Ecke ideologischer Verbiesterung, um es ein wenig ebenso prägnant wie umgangssprachlich auszudrücken, relativiert in subtiler Weise, aber letztlich wohl nur vordergründig die eine oder andere Position, die zuvor im Brustton der Überzeugung kundgetan wurde. Ein wenig Humor und Ironie machen im Ganzen gesehen manche Aspekte des Stückes in psychisch-mentaler Hinsicht erträglicher. Gleichwohl: Für die Frage nach der Qualität des Werkes bleibt die Feststellung wichtig, dass hinter dem Schleier einer gewisssen Mäßigung durch ironische Brechung sich letztlich Ernstes, Tragisches, Schrecken Erregendes verbirgt, wenn an die Gesamtproblematik nicht nur in der Konstellation von Einzelfällen, sondern in ihrer konkret-alltäglichen Verbreitung in manchen Ländern der Welt gedacht wird. Das Stück hat trotz seiner gelegentlich boulevardesken Ausrichtung ernsten Charakter.

Die Versöhnung von Religion und moderner, aufgeklärter Lebenswelt – und dies gilt für den Islam, aber auch nicht nur für ihn - stellt sich weiterhin als gesellschaftliche Aufgabe für die Zukunft in langfristiger Perspektive dar und dürfte insofern ein nicht ganz unerhebliches Maß an Bildung und Politikverständnis ebenfalls bei allen an dieser Aufgabe Beteiligten, schließlich auch in der Bevölkerung insgesamt voraussetzen. Staat, Gesellschaft und Individuum sind gefordert!

Die Inszenierung des Theaterstückes ist als gelungen zu betrachten, insbesondere auch die Kunst der Darbietung durch die vier Akteure. In dieser Hinsicht ist den auf der entsprechenden Webseite des Theaters verzeichneten Kritiken, die durchweg mit Lob und Anerkennung für die Inszenierung nicht sparen, in jeder Weise zuzustimmen.

Norderstedt, d. 08.01.2018

(Profil des Autors: www.MichaelPleister.de)

Aus gegebenem Anlass im Winter 2017/18:

Persönliche Stellungnahme zum Thema „Familiennachzug für Flüchtlinge"

Das Berliner Verwaltungsgericht hat mit einem Urteil gemäß medialer Berichterstattung vom 22.12.2017 den Familiennachzug für einen unbegleiteten minderjährigen, zudem traumatisierten Flüchtling bewilligt, dies unter Hinweis auf das Kindeswohl sowie unter Bezugnahme auf das Grundgesetz, die Europäische Menschenrechts- und die UN-Kinderrechtskonvention. Das Votum des Gerichts dürfte sich in den aufgeklärt-liberalen, toleranten Kreisen der Bevölkerung mit Mut zu neuen Hoffnungen verbinden angesichts des gegenläufig in Europa zunehmend Verbreitung findenden ausländerfeindlichen politischen Rechtsrucks. Es ist anzumahnen, dass besagtem Urteil im Hinblick auf gegenwärtige, insbesondere auch zukünftige Politik der Bundesregierung hinreichend Möglichkeiten eingeräumt werden, die Existenzform einer – pointiert ausgedrückt - unverzichtbaren ethischen Leitlinie nicht nur zu beanspruchen, sondern in der Lebensrealität auch konkret zur Geltung zu bringen und damit seinen wegweisenden Charakter unter Beweis zu stellen. Die bislang zu konstatierende Unfähigkeit des deutschen Staates – und hier richtet sich der Fingerzeig insbesondere auf Parteivertreter von autoritär-restriktiv-konservativem Zuschnitt –, jenes Unvermögen wohlgemerkt, in der Frage des Familiennachzuges für Flüchtlinge unter subsidiärem Schutz eine befriedigende Regelung gemäß den Wertmaßstäben von Humanität, Verantwortungsbewusstsein und Rechtsstaatlichkeit zügig auf den Weg zu bringen, wird sich – falls nicht doch noch in den derzeit stattfindenden Sondierungen zur Regierungsbildung eine Lösung zugunsten der Migranten gefunden werden sollte - zu einem politischen wie auch moralischen Skandal ersten Ranges auswachsen!

Norderstedt, d. 26. Dezember 2017
Michael Pleister

BEI GRIN MACHT SICH IHR WISSEN BEZAHLT

- Wir veröffentlichen Ihre Hausarbeit, Bachelor- und Masterarbeit

- Ihr eigenes eBook und Buch - weltweit in allen wichtigen Shops

- Verdienen Sie an jedem Verkauf

Jetzt bei www.GRIN.com hochladen und kostenlos publizieren